全国中等职业技术学校饭店服务专业

中国旅游地理习题册

——与《中国旅游地理（第四版）》配套

中国劳动社会保障出版社

简介

本习题册与全国中等职业技术学校饭店服务专业教材《中国旅游地理（第四版）》配套使用。习题册按教材章的顺序编写，包括名词解释、填空题、选择题、判断题、简答题、综合题等，题型丰富、难易适中，供学生课后练习使用。

本习题册由彭淑清主编，刘婷、卢丽蓉参与编写。

图书在版编目(CIP)数据

中国旅游地理习题册/彭淑清主编. —北京：中国劳动社会保障出版社，2016
全国中等职业技术学校饭店服务专业
ISBN 978-7-5167-2688-4

Ⅰ.①中…　Ⅱ.①彭…　Ⅲ.①旅游地理学-中国-中等专业学校-习题集　Ⅳ.①F592.99-44

中国版本图书馆 CIP 数据核字(2016)第 180657 号

中国劳动社会保障出版社出版发行
（北京市惠新东街 1 号　邮政编码：100029）
*
河北宝昌佳彩印刷有限公司印刷装订　　新华书店经销
787 毫米×1092 毫米　16 开本　2.25 印张　50 千字
2016 年 7 月第 1 版　　2024 年 12 月第 12 次印刷
定价：5.00 元

营销中心电话：400-606-6496
出版社网址：http://www.class.com.cn
http://jg.class.com.cn

目 录

第一章 概 述

一、名词解释

1. 旅游资源

2. 世界遗产

二、填空题

1. 根据旅游资源的属性及成因，可把旅游资源分为两种基本的类型，即____________________和____________________。

2. 世界遗产分物质性遗产与________________________两大类别，其中物质性遗产又可分为____________________、____________________、____________________、____________________四种类型。截止到 2015 年 7 月，我国共有__________项列入《世界遗产名录》。

3. 根据旅游资源的吸引程度，可将其分为四个级别，即__________________、__________________、__________________、__________________。

4. 旅游资源具有空间分布的________________。

5. 我们用“北雄南秀”形容中国风景的特征，反映了旅游资源的__________________特点。

6. 旅游地理学的研究对象是____________________________________。

7. 20 世纪 30 年代，美国学者____________在《地理评论》上发表《娱乐活动与土地利用关系》一文，被认为是旅游地理学的开山之作，标志着现代旅游地理学的诞生。

三、单选题

1. 世界地球日（World Earth Day）即每年的（　　），是一项世界性的环境保护活动。

   A. 4 月 22 日　　B. 5 月 19 日　　C. 9 月 27 日　　D. 7 月 1 日

2.（　　）年，我国正式加入《保护世界文化和自然遗产公约》。

A. 1972　　B. 1975　　C. 1985　　D. 1992

3. 我国被列为世界遗产的旅游资源是（　　）。

A. 中山陵　　B. 九寨沟　　C. 黄鹤楼　　D. 龙虎山

四、判断题

1. 天象与气候景观属于自然旅游资源。（　　）

2. 因重大的节庆和政治、文化、商业、体育活动而引起的旅游客流有规律的变化称为旅游的节律性。（　　）

3. 昆明“曹溪印月”奇观每逢甲子年的中秋之夜才最见奇妙。（　　）

4. 旅游地理学是一门古老的学科。（　　）

五、简答题

1. 根据我国 2003 年《旅游资源分类、调查与评价》标准，简述旅游资源的分类。

2. 旅游资源具有哪些特点？为什么要对旅游资源进行保护？

六、综合题

以班级为单位，以“谁知道的旅游资源最多”为题，举办一次竞赛活动，看看我们所了解的事物和现象中哪些属于旅游资源？

第二章 地文景观

一、名词解释

1. 丹霞地貌

2. 雅丹地貌

3. 岩溶地貌

4. 冰川地貌

二、填空题

1. 山地自然景观大致分为________________和________________两大类。

2. 冰川地貌发源于________________和高山地区的现代冰川分布区。

3. 风沙地貌是干旱地区由于______的侵蚀、搬运和堆积作用所形成的地貌形态的总称，主要有______地貌和______地貌两种类型。

4. 我国养珠历史悠久，____________是传统的珍珠产地。

三、单选题

1. 下列山峰中海拔超过 8 000 米的高山是（　　）。

   A. 玉龙雪山　　B. 珠穆朗玛峰　　C. 雁荡山灵峰　　D. 庐山秀峰

2. 在我国新疆乌尔禾“魔鬼城”地区出现的地貌景观属于（　　）。

   A. 岩溶地貌　　B. 雅丹地貌　　C. 丹霞地貌　　D. 熔岩地貌

3. 下列山地景观中属于丹霞地貌景观的是（　　）。

   A. 庐山　　B. 黄山　　C. 衡山　　D. 武夷山

4. 在我国有“造型地貌博物馆”之称的风景区是（　　）。

   A. 雁荡山　　B. 庐山　　C. 张家界　　D. 峨眉山

5. 唐代诗人韩愈的诗句“江作青罗带，山如碧玉簪”所赞美的胜景是（　　）。

   A. 天山天池　　B. 漓江山水　　C. 杭州西湖　　D. 武夷山水

6. 下列风景名胜中均属于岩溶地貌景观的是（　　）。

A. 广西桂林、山西恒山　　B. 路南石林、肇庆星湖

C. 路南石林、南京紫金山　　D. 广西桂林、湖南武陵源

7. 下列属于花岗岩丘陵的风景名胜区是（　　）。

A. 普陀山　　B. 龙虎山　　C. 齐云山　　D. 张家界

8. 我国流纹岩地貌主要分布在（　　）。

A. 两广一带　　B. 浙闽一带　　C. 云贵一带　　D. 川滇一带

9. 我国最著名的雾凇景观出现在（　　）。

A. 沈阳　　B. 吉林　　C. 长春　　D. 哈尔滨

10. 下列是我国恐龙蛋及骨骼化石遗迹地的是（　　）。

A. 四川自贡、湖北十堰郧县　　B. 辽西、云南澄江

C. 山东山旺、内蒙古二连浩特　　D. 南阳西峡、云南澄江

11. 以下属于花岗岩地貌的名山有（　　）。

A. 泰山、华山、长白山　　B. 黄山、三清山、雁荡山

C. 九华山、天柱山、井冈山　　D. 雁荡山、长白山、天柱山

12. 以下属于玄武岩地貌的名山有（　　）。

A. 泰山　　B. 武当山

C. 雁荡山　　D. 黑龙江五大连池

13. 下列属于佛教名山的是（　　）。

A. 武当山　　B. 峨眉山　　C. 武夷山　　D. 泰山

14. 下列属于道教名山的是（　　）。

A. 武当山　　B. 峨眉山　　C. 五台山　　D. 普陀山

15. 位于辽东半岛的海滨城市是（　　）。

A. 青岛　　B. 大连　　C. 厦门　　D. 杭州

四、多选题

1. 我国火山地震带主要分布于（　　）。

A. 环印度洋地带　　B. 环太平洋地带

C. 地中海—喜马拉雅带　　D. 环大西洋地带

2. 高山和极高山的主要旅游功能是（　　）。

A. 登山探险　　B. 游览观光　　C. 科学考察　　D. 度假休闲

3. 中低山的主要旅游功能是（　　）。

A. 登山探险　　B. 游览观光　　C. 避暑疗养　　D. 商务会议

4. 丹霞地貌景观特征表现为（　　）。

A. 丹山清水　　B. 质地坚硬　　C. 精巧玲珑　　D. 抗蚀力强

5. 喀斯特地貌的基本特征是（　　）。

A. 我国主要分布在广西和广东

B. 石峰林立或孤峰突起

C. 地下溶洞遍布，洞内有地下湖或地下暗河，洞穴景观千姿百态

D. 地表山地高度不大，造型丰富

6. 下列属于我国已开发的冰川旅游胜地的是（　　　）。

A. 贡嘎山　　B. 太行山　　C. 玉龙雪山　　D. 武夷山

五、判断题

1. 世界第一高峰是珠穆朗玛峰。（　　）
2. 华山以秀著称。（　　）
3. 杜甫的“会当凌绝顶，一览众山小”吟咏的是嵩山景观。（　　）
4. 我国第一座冰川公园是贡嘎山海螺沟。（　　）
5. 泰山于 1987 年被列入世界自然遗产。（　　）
6. 我国盛产翡翠。（　　）
7. 我国出产的玉石以新疆和田玉和天山碧玉最为著名。（　　）
8. 我国的黄土高原是世界上最大的黄土分布区。（　　）

六、简答题

1. 岩溶地貌景观有什么特点？

2. 花岗岩名山与名丘景观有什么特点？

七、综合题

根据所学知识，完成下表。

五岳名称	所在位置	景观特点	主要景点
东岳泰山			岱庙、中天门、南天门、岱顶、黑龙潭等
	陕西华阴市	山势陡峭，以险著称	
中岳嵩山	河南登封市		中岳庙、嵩阳书院、少林寺、嵩岳寺砖塔、观星台等
南岳衡山		峰峦秀丽，以秀著称	
	山西浑源县		悬空寺、九天宫、北岳庙等

第三章　水域风光

一、名词解释

1. 海啸

2. 堰塞湖

3. 瀑布

二、填空题

1. 青岛海滨具有青山、__________、绿树、__________之美景。

2. 我国最典型的涌潮景观是____________涌潮，每年最佳的观潮时间是农历____________，最佳的观潮地点是____________、____________、____________。

3. 长江三峡是长江中最为壮丽的一段胜景，由__________________峡、__________________峡、__________________峡组成。

4. 现代按泉水矿化度将泉水分为____________泉和____________泉。

5. 我国五大淡水湖是________湖、洞庭湖、________湖、洪泽湖和__________湖。

6. 我国面积最大的咸水湖是__________，面积最大的盐湖是______________。

7. 杭州西湖中有苏堤和白堤，分别是为纪念历史上整治开发西湖有功的__________和____________而命名。

8. __________瀑布、__________瀑布和____________瀑布共称中国三大瀑布。

9. 我国的__________市以冰雪艺术闻名于世。

10. 海滨“3S”指的是______、______、______。

三、单选题

1. 当旅游者泛舟（　　）之上，纵目四望，“衔远山，吞长江，浩浩汤汤，横无际涯；朝晖夕阴，气象万千”的湖光山色尽收眼底，美不胜收。

A. 西湖　　B. 洞庭湖　　C. 太湖　　D. 鄱阳湖

2. 我国面积最大的淡水湖是（　　）。

A. 洪湖　　B. 洞庭湖　　C. 鄱阳湖　　D. 太湖

3. 我国最大的熔岩堰塞湖是（　　）。

A. 镜泊湖　　B. 太湖　　C. 巢湖　　D. 洪泽湖

4. 黄果树瀑布位于（　　）。

A. 云南镇宁　　B. 山西吉县　　C. 四川南坪　　D. 贵州镇宁

5. 下列城市有“温泉城”之誉的是（　　）。

A. 福州　　B. 从化　　C. 台北　　D. 济南

6. 我国台风预警信号一般分为（　　）级。

A. 4　　B. 3　　C. 2　　D. 1

7. 被誉为“东方夏威夷”的海滨胜景是（　　）。

A. 大连海滨　　B. 厦门海滨　　C. 海南三亚　　D. 北戴河海滨

8. 古诗“四面荷花三面柳，一城山色半城湖”描述的美景是（　　）。

A. 昆明　　B. 南宁　　C. 成都　　D. 济南

9. 王勃《滕王阁序》里“渔舟唱晚，响穷彭蠡之滨”中的“彭蠡”是（　　）的古名。

A. 洞庭湖　　B. 鄱阳湖　　C. 太湖　　D. 西湖

10. 夏季到海滨旅游时，为避免皮肤受损，防晒护肤品的防晒指数值（SPF）至少在（　　）以上。

A. 20　　B. 30　　C. 40　　D. 50

四、多选题

1. 我国湖泊分布最集中的两个地域是（　　）。

A. 东部平原　　B. 云贵高原　　C. 青藏高原　　D. 四川盆地

2. 下列湖泊中属于人工湖的是（　　）。

A. 千岛湖　　B. 松花湖　　C. 青海湖　　D. 洞庭湖

3. 下列以医疗功能著称的泉类度假疗养地是（　　）。

A. 五大连池　　B. 虎跑泉　　C. 汤岗子温泉　　D. 从化温泉

4. 下列湖泊中属于构造湖的是（　　）。

A. 天山天池　　B. 滇池　　C. 青海湖　　D. 镜泊湖

5. 下列湖泊属于冰川湖的是（　　）。

A. 天山天池　　B. 长白山天池　　C. 新疆喀纳斯湖　　D. 青海湖

6. 下列名泉中主要以观赏为主的是（　　）。

A. 蝴蝶泉　　B. 济南趵突泉

C. 五大连池　　D. 台湾关子岭温泉

7. 目前我国适合开展冰雪运动的旅游资源主要分布在（　　）。

A. 东北　　B. 河北　　C. 北京　　D. 内蒙古

8. 下列地区是长江流经的地方（　　）。

A. 内蒙古　　B. 四川　　C. 湖南　　D. 江苏　　E. 浙江

五、判断题

1. 长江发源于青藏高原唐古拉山主峰——各拉丹冬雪峰的西南侧。（　　）

2. 湖水矿化度＞35 克/升的为盐湖。 (　　)
3. 黄河是我国最长的河流，有“黄金水道”之称。 (　　)
4. 海啸和台风是由海底地震或海底火山爆发等因素引起的。 (　　)
5. 长江三峡全长 183 千米，是长江中最为壮丽的一段。 (　　)
6. 京杭大运河是世界上最长的人工运河。 (　　)
7. 天山天池和长白山天池均为冰川湖。 (　　)
8. 湖泊是陆地上洼地积水形成的比较宽阔的水域。 (　　)

六、简答题

1. 水体资源具有哪些旅游功能？

2. 湖泊旅游资源的分类方法有哪些？各分哪几种类型？

七、综合题

将以下的景点和所属类别进行连线。

阿里山日月潭	冰川湖
长白山天池	堰塞湖
无锡太湖	构造湖
江西鄱阳湖	火口湖
天山天池	海迹湖
五大连池	河迹湖

第四章　生物景观

一、名词解释

1. 自然保护区

2. 森林旅游

二、填空题

1. 被誉为“花中四君子”的植物是________、兰花、竹子、________。

2. 在我国古代，人们把许多植物赋予了象征性意义，如梅花象征__________，牡丹象征__________，松树象征__________，莲花象征__________。

3. 在我国传统的审美中，有些动物已经有了某些特定的含义，如虎——王者之象，鹰——____________，鹤——____________，龟——延年益寿。

4. 黑龙江扎龙自然保护区主要保护的动物种群是____________。

三、单选题

1. 我国部分珍稀动物和植物有“活化石”之称，下列均为“活化石”的一组是(　　)。

A. 大熊猫、白鳍豚、银杉、银杏　　B. 金丝猴、大熊猫、银杉、银杏

C. 金丝猴、白鳍豚、水杉、银杏　　D. 金丝猴、扬子鳄、珙桐、银杉

2. 以下（　　）是保护大熊猫的自然保护区。

A. 湖北神农架　　B. 云南西双版纳　　C. 四川九寨沟　　D. 四川卧龙

3. 被誉为花中“二绝”的是（　　）。

A. 牡丹、梅花　　B. 牡丹、芍药　　C. 菊花、芍药　　D. 牡丹、荷花

4. 下列自然保护区已加入世界生物圈保护网的是（　　）。

A. 湖南张家界　　B. 江西庐山　　C. 贵州梵净山　　D. 广西桂林

5. 朱鹮是我国一类保护动物，也是国际一级濒危动物。目前在我国建立的朱鹮观测站位于（　　）。

A. 山东　　B. 山西　　C. 陕西　　D. 广西

6. 我国草原景观主要分布于（　　）。

A. 青海、内蒙古、西藏、新疆　　B. 青海、内蒙古、西藏、河北

C. 内蒙古、西藏、新疆、陕西　　D. 内蒙古、西藏、河北、宁夏

四、多选题

1. 我国著名的牡丹之乡有（　　　　）。

A. 洛阳　　B. 菏泽　　C. 扬州　　D. 无锡

2. 我国著名的赏梅胜地有（　　　　）。

A. 武汉东湖　　B. 杭州孤山和超山　　C. 无锡梅园

D. 上海淀山湖　　E. 南京梅花山

3. 天然草地在我国主要分布于（　　　　）等省区。

A. 内蒙古　　B. 新疆　　C. 青海　　D. 西藏

4. 下列（　　　　）属于生物型保护区。

A. 金佛山银杉保护区　　B. 长白山自然保护区

C. 梵净山自然保护区　　D. 海南东寨港红树林保护区

五、判断题

1. 菊花品种繁多，花期一般在 8 月至 10 月。（　　）
2. 陕西黄陵县黄帝庙内的轩辕柏我国最大的古柏树。（　　）
3. 有“鸽子树”之称的是银杏。（　　）
4. 梅花有“雪中高士”之雅称。（　　）

六、简答题

1. 我国自然保护区分为哪几种类型？

2. 简要说说你所在地方有哪些值得观赏的植物和动物，你喜欢其中哪些种类？

七、综合题

请结合本章内容，谈谈你对环保的认识。

第五章　气象、天象、气候景观

一、名词解释

1. 气象

2. 气候

二、填空题

1. 天象是指发生在________________的现象。

2. 我国观赏“日月并升”的绝佳地位于__________________________。

3. 雾凇又名“________”“____________”，在我国出现最多的是在____________。

4. 蜃景，有____________与下现蜃景之分。下现蜃景主要发生在____________、____________及烈日当空的旷野。

5. 七大流星雨包括____________、____________、____________、____________、____________、____________、____________流星雨。

6. 现代科学根据陨石化学成分的不同，将陨石划分为____________、____________、____________三大类。

7. 峨眉山地处四川盆地边缘，以冬季大气层最为稳定，据当地气象数据证实，观看佛光的最佳时间就是每年______________的下午最佳。

8. 在南北两极，极昼和极夜各约__________；在南北纬 80°，极昼和极夜各有____________；在南北纬 70°，极昼和极夜各约____________。

9. 我国四大避暑胜地为____________、____________、____________、____________。

10. 到黄山、庐山等名山欣赏云海景观，以________季最宜。

三、单选题

1. 山东蓬莱仙境是（　　）气象景观。

A. 佛光　　B. 蜃景　　C. 日出　　D. 极光

2. “江城树挂”是（　　）的气象奇景。

A. 吉林　　B. 武汉　　C. 桂林　　D. 哈尔滨

3. 泰山观日出胜景地点在（　　）。

A. 日观峰　　B. 含鄱口　　C. 金顶　　D. 清凉台

4. 中国的北极村是（　　）。

A. 阿尔泰　　B. 漠河　　C. 大兴安岭　　D. 铁力

四、多选题

1. 根据化学成分可将陨石分为三大类（　　　　）。

A. 铁陨石　　B. 石铁陨石　　C. 石陨石　　D. 流星石

2. 以下为我国著名避寒胜地的是（　　　　）。

A. 三亚　　B. 北海　　C. 北戴河　　D. 莫干山

3. 植物景观有四时之变，即（　　　　）

A. 春绿　　B. 夏荣　　C. 秋萧

D. 冬枯　　E. 春花

4. 以下属于气象景观的是（　　　　）。

A. 黄山云海　　B. 峨眉佛光　　C. 江城树挂　　D. 狮子座流星雨

五、判断题

1. 狮子座流星雨的周期约为 33 年。（　　）

2. 我国东部是典型的季风气候，冬季盛行偏北风，夏季盛行偏南风。（　　）

3. 我国冬季南北温差大，夏季南北温差小。（　　）

4. 三亚市属亚热带海洋季风气候。（　　）

六、简答题

1. 简述气象及气候对旅游的影响。

2. 简述我国气候的基本特征。

七、综合题

根据所学知识，谈谈为什么三亚是冬季避寒度假休闲的首选旅游胜地。

第六章　历史古迹与现代建筑

一、名词解释

1. 斗拱

2. 左祖右社

3. 三朝五门

4. 坎儿井

二、填空题

1. 西安半坡遗址是母系氏族公社阶段________文化中的一个典型。

2. 中国六大古都是指____________、____________、____________、____________、____________、____________。

3. 北京从公元 938 年作为辽代的都城起，历经辽、________、________、________、________和________朝。

4. “间”指的是__________________的空间；“开间”指的是__________________，开间越多，等级越高。北京故宫太和殿、北京太庙大殿的开间为 11 间。

5. 宋代以后，彩画已成为宫殿不可缺少的装饰艺术。到了清代，将彩画分为三类：____________、____________和____________。

6. 吉祥缸的作用是____________，日晷借指针所生阴影的位置来表示____________。

7. 明清两朝皇帝于__________前往天坛祭天，于__________前往地坛祭地。在明清以前，历史上许多皇帝都要登五岳之首——泰山祭泰山神，称为__________。

8. 天坛由内外两重城墙环绕，南边围墙左、右两角成方形，北方围墙左、右两角成弧形，以象征古人“____________”的观念。圜丘用于____________，祈年殿用于________________。

9. 曲阜三孔指__________、__________、__________。

10. 中国园林有__________、__________、__________三种艺术境界。

11. 中国古典园林的构成要素，可以概括为__________、__________、__________、__________、__________五个方面。

12. 中国古典园林理水之法一般有__________、__________和__________三种。

13. 分别代表了宋、元、明、清时期风格的苏州四大园林分别是__________、______________、__________、__________。

14. 颐和园一道“________”把湖泊一分为二，十足的江南格调。

15. 京杭大运河北起____________，南至________，全长 1 794 千米。

三、单选题

1. 我国现存最大型的保存完整的城墙是（　　）。

A. 明南京城墙　　B. 西安城墙　　C. 平遥城墙　　D. 丽江古城墙

2. 彩画原为防潮、防腐、防蛀，后来突出其装饰性，其中等级最高的彩画是（　　）。

A. 苏式彩画　　B. 旋子彩画　　C. 和玺彩画　　D. 民间彩画

3. 四面斜坡，有一条正脊和四条斜脊，屋面稍有弧度的顶属于（　　）。

A. 庑殿顶　　B. 歇山顶　　C. 悬山顶　　D. 硬山顶

4. 中国园林发展史上的一大转折时期是（　　）。

A. 秦汉时代　　B. 魏晋南北朝时期

C. 唐宋时期　　D. 明清时期

5. “山重水复疑无路，柳暗花明又一村”的造景手法是（　　）。

A. 添景　　B. 借景　　C. 抑景　　D. 对景

6. 颐和园的苏州街主景为两岸起伏的山石和美丽的林带所夹峙，构成了妩媚动人的景色，这是一种（　　）手法。

A. 夹景　　B. 添景　　C. 对景　　D. 借景

7. 苏州拙政园属于（　　）园林。

A. 私家　　B. 皇家　　C. 寺庙　　D. 自然

8. “以山为陵”是（　　）陵墓的形式。

A. 周代　　B. 秦汉　　C. 唐代　　D. 明代

9. 北京故宫中，庆祝皇帝即位、诞辰以及举行重大国典的是（　　）。

A. 太和殿　　B. 中和殿　　C. 保和殿　　D. 乾清宫

10. 既是中国古代最大的帝王陵墓，也是世界上最大的陵墓的是（　　）。

A. 汉茂陵　　B. 北宋陵　　C. 唐乾陵　　D. 秦始皇陵

11. 我国长城修建史上的最后一次高潮是在（　　）。

A. 唐代　　B. 宋代　　C. 清代　　D. 明代

12. 被誉为世界桥梁工程中的首创，世界上现存最大的敞肩桥是（　　）。

A. 苏州宝带桥　　B. 赵县安济桥　　C. 泉州洛阳桥　　D. 北京卢沟桥

13. 我国现存最大的皇家园林为（　　）。

A. 颐和园　　B. 避暑山庄　　C. 圆明园　　D. 畅春园

14. 下列屋顶中，等级最高的是（　　）。

A. 重檐歇山顶　　B. 重檐庑殿顶　　C. 盝顶　　D. 悬山顶

15. 灵渠由（　　）主持修建。

A. 李冰　　B. 李春　　C. 史禄　　D. 蒙田

16.（　　）是世界上现存规模最大、最完整的古代木构建筑群，也是世界上最大的皇宫。

A. 北京故宫　　B. 沈阳故宫　　C. 兴庆宫　　D. 洛阳宫

四、多选题

1. 台基可分为（　　　）等几种类型。

A. 普通台基　　B. 较高级台基　　C. 更高级台基　　D. 最高级台基

2. 我国四大古都是指（　　　）。

A. 北京　　B. 西安　　C. 洛阳　　D. 开封　　E. 南京

3. 园林中的桥，可分为（　　）等几种类型。

A. 平桥　　B. 曲桥　　C. 拱桥　　D. 廊桥　　E. 木桥

4. 江南三大名楼是指（　　　）。

A. 黄鹤楼　　B. 岳阳楼　　C. 滕王阁　　D. 大观楼

5. 岭南四大名园是指（　　　）。

A. 清晖园　　B. 可园　　C. 十二石斋　　D. 余荫山房

E. 谐趣园

6. 明代帝陵包括（　　　）。

A. 北京十三陵　　B. 南京明孝陵　　C. 湖北明显陵　　D. 北京景泰陵

7. 世界三大运河是（　　　）。

A. 京杭大运河　　B. 苏伊士运河　　C. 巴拿马运河　　D. 湘桂运河

8. 我国园林对花木的选择，有（　　　）等标准。

A. 姿美　　B. 色美　　C. 味香　　D. 花香

五、判断题

1. 沈阳故宫分三路，其中东路有大政殿，是左右翼王和八旗大臣办公的地方。（　　）

2. 都江堰水利工程是我国现存最早的古代水利工程。（　　）

3. 洛阳桥为我国古代多孔梁式石桥的代表。（　　）

4. 乾陵是我国唯一的两位皇帝的合葬墓。（　　）

5. 长城的修建最早可追溯到公元前 6 世纪的西周。（　　）

6. 杭州名胜古迹很多，大部分集中在西湖及其周围。（　　）

7. 爱石成癖的宋徽宗，他所筑的曲江池有历史上规模最大、结构最奇巧的以石为主的假山。（　　）

8. 我国古代墓葬具有十分明显的等级性。（　　）

六、简答题

1. 简述历代古都规划的五个原则。

2. 简述我国园林的分类。

3. 简要比较中外长城。

4. 简述我国古典园林的艺术特征。

5. 简述中西方园林的差异。

6. 简述中西方建筑的差别。

七、综合题

1. 请将下列名人故居与其所处地址用线连接起来。

毛泽东故居	绍兴市都昌坊口
周恩来故居	绍兴城区笔飞弄 13 号
鲁迅故居	淮安市楚州区驸马巷 7 号
沈从文故居	韶山小山冲
蔡元培故居	凤凰县南中营街

2. 请将下列帝王陵墓与其封土形式用线连接起来。

秦始皇陵	宝城宝顶
唐乾陵	以山为陵
明十三陵	方上

3. 请将下列名人墓地与其所处地址用线连接起来。

孔林	洛阳城南
关林	杭州栖霞岭
岳飞墓	南京紫金山
中山陵	曲阜城北

第七章 宗教文化

一、名词解释

1. 宗教

2. 三清四御

二、填空题

1. 世界三大宗教是指__________、__________、__________。

2. 中国四大宗教是指__________、__________、__________、__________。

3. 中国佛教分三个派别，即__________、__________、__________。

4. 佛教初传中国的确切事件是“__________”。

5. 我国最早到西天取经的僧人是东晋的__________。

6. 藏传佛教具有__________、__________、__________、__________四大特征。

7. ____________通高 71 米，是中国最大的石雕佛像。

8. ____________塔高 67.31 米，是中国现存最高、最古也是唯一的木构塔。

9. 我国四大佛教名山是指__________、__________、__________、__________。依次是__________、__________、__________、__________四大菩萨的道场。

10. 福建泉州清源山的____________是道教最大造像。

11. 我国四大石窟是指____________、____________、____________、____________。

12. 唐代高僧____________六次东渡方至日本，把佛教及中国文化传入日本，为中日文化的交流做出了卓越的贡献。

13. 道教主要有____________、____________两大派别。

14. 道教建筑的墙壁、柱子、门窗皆以________为特点。

15. 道教建筑三官殿里供奉的是________、________、________。

16. 伊斯兰教每年的大朝仪式在其圣地________举行。

三、单选题

1. 藏传佛教分四大教派，俗称红教、花教、白教、黄教，它们的正式名称依次是（　　）。

A. 宁玛派、萨珈派、噶举派、格鲁派　　B. 格鲁派、宁玛派、萨珈派、噶举派

C. 宁玛派、萨珈派、格鲁派、噶举派　　D. 萨珈派、宁玛派、格鲁派、噶举派

2. 下列少数民族中，全部信仰伊斯兰教的一组是（　　）。

A. 傣族、回族、哈萨克族、塔塔尔族

B. 回族、维吾尔族、塔吉克族、哈萨克族

C. 维吾尔族、壮族、乌孜别克族、回族

D. 回族、维吾尔族、撒拉族、纳西族

3. 纪念佛祖诞生的节日是（　　）。

A. 盂兰盆节　　B. 涅槃节　　C. 浴佛节　　D. 佛成道节

4. 释迦牟尼在三身佛、三世佛、三方佛中分别为（　　）。

A. 现在世佛、应身佛、娑婆世界教主

B. 娑婆世界教主、现在世佛、应身佛

C. 应身佛、现在世佛、娑婆世界教主

D. 现在世佛、娑婆世界教主、应身佛

5. 大肚弥勒供奉在佛寺的（　　）之中。

A. 天王殿　　B. 大雄宝殿　　C. 钟楼　　D. 罗汉堂

6. 道教圣地“三山五岳”中的三山是指（　　）。

A. 武当山、庐山、罗浮山　　B. 庐山、罗浮山、天台山

C. 龙虎山、天台山、庐山　　D. 蓬莱、方丈、瀛洲

7. 中国沿海伊斯兰教四大古寺是（　　）。

A. 广州怀圣寺、泉州清净寺、杭州灵隐寺、扬州仙鹤寺

B. 广州怀圣寺、泉州清净寺、杭州真教寺、扬州大明寺

C. 广州怀圣寺、泉州清净寺、杭州真教寺、扬州仙鹤寺

D. 广州怀圣寺、泉州清净寺、杭州灵隐寺、扬州大明寺

8. 古语“曹衣出水，吴带当风”中的曹、吴分别是指（　　）。

A. 曹操和吴道子　　B. 曹操和吴国

C. 曹仲达和吴国　　D. 曹仲达和吴道子

9. 许多道教宫观以“太清宫”“上清宫”命名，“太清”“上清”分别指的是（　　）。

A. 道德天尊和灵宝天尊　　B. 灵宝天尊和元始天尊

C. 元始天尊和道德天尊　　D. 灵宝天尊和道德天尊

10. 佛教四大天王中，东方持国天王、南方增长天王、西方广目天王、北方多闻天王的服饰色彩分别是（　　）。

A. 红色、绿色、白色、青色　　B. 白色、青色、红色、绿色

C. 红色、绿色、青色、白色　　D. 白色、绿色、红色、青色

四、多选题

1. 下列民族中信仰小乘佛教的有（　　　　）。
   A. 汉族　　B. 傣族　　C. 德昂族　　D. 佤族
2. 大乘佛教主要分布于（　　　　）。
   A. 中国　　B. 泰国　　C. 斯里兰卡　　D. 日本
3. 中国著名的宗教旅行家有（　　　　）。
   A. 张骞　　B. 法显　　C. 鉴真　　D. 徐霞客
4. 佛教的标记有（　　　　）。
   A. 新月　　B. 法轮　　C. 卐　　D. 莲花
5. 佛教的节日有（　　　　）。
   A. 浴佛节　　B. 涅槃节　　C. 盂兰盆节　　D. 佛成道节
6. 佛教三大建筑是指（　　　　）。
   A. 鼓楼　　B. 寺庙　　C. 石窟　　D. 佛塔
7. 道教标记中的八卦象征着自然界的八种自然现象，即（　　　　）。
   A. 天、地　　B. 水、火　　C. 雷、风　　D. 山、泽
   E. 霜、雪
8. 道教玉皇殿供奉的是或（　　　　）。
   A. 勾陈南极大帝　　B. 紫微北极大帝
   C. 王灵官　　D. 后土皇地祇
9. 基督教的教派有（　　　　）。
   A. 天主教　　B. 旧教　　C. 东正教　　D. 新教
10. 伊斯兰教的节日有（　　　　）。
    A. 圣纪　　B. 古尔邦节　　C. 开斋节　　D. 降临节

五、判断题

1. 藏传佛教有政教合一的特征。（　　）
2. 伽蓝神关羽一般供奉在钟楼。（　　）
3. 中国第一座佛寺是洛阳的白马寺，有“释源”之尊称。（　　）
4. 敦煌壁画中最富有代表性的形象是“飞天”。（　　）
5. 基督教为世界第一大宗教。（　　）
6. 福建泉州老群岩造像是我国现存最大的道教石雕老君像。（　　）

六、简答题

1. 简述我国的宗教政策。

2. 简述我国各民族的宗教信仰概况。

3. 宗教的旅游价值表现在哪些方面?

七、综合题

1. 下图是汉地一般佛寺布局图，请填出中轴线上各建筑的名称。

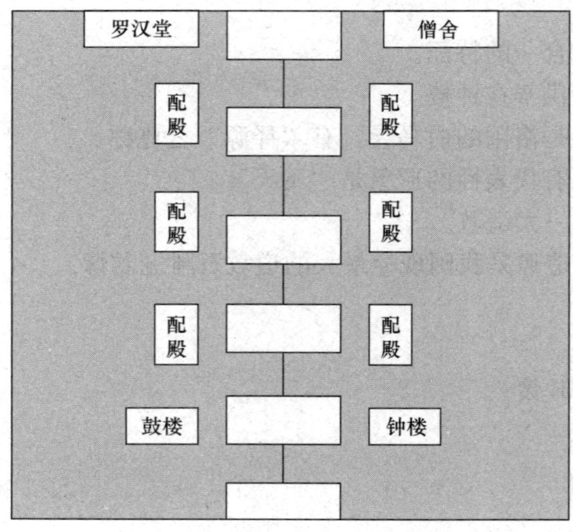

汉地一般佛寺布局图

2. 根据所学宗教知识，完成下表。

类别 项目	佛教	基督教	伊斯兰教	道教
产生时间				
发源地				
创始人				
经典				
标志				
建筑				
教派				
节日				
分布				

第八章　民俗风情旅游资源

一、名词解释

1. 哭嫁

2. 四合院

二、填空题

1. 中国古代婚姻礼仪讲究“六礼”，即__________、__________、纳吉、__________、请期、__________。

2. ________曾是历史上最高贵、庄严的葬法。

3. ________是草原上牧民为适应游牧生活的圆形穹庐顶的流动住宅，黄土高原地区的人民创造了______________，______________是北京典型民居代表。

4. ____________被学术界视为原始瓷器，是中国瓷器的萌芽。

5. 福建的____________，江西的____________，湖南的____________，并称为中国三大瓷都。

6. 中国当代三大名锦为____________、____________、____________。

7. 我国的四大名绣是____________________、____________________、____________________、____________________。

8. 笔墨纸砚素称文房四宝，________________________________、________________________________、________________________________、________________________________被称为文房四宝之首。

9. 我国的四大菜系是指____________________、____________________、____________________、____________________，八大菜系是指除四大菜系外再包括____________________、____________________、____________________、____________________。

10. 广州菜肴主要特点是取料广博奇杂而重“________”，福建菜烹饪尤以________见长。

11. 我国三大佳石为________________、________________、________________。

12. 如今我国的四大名砚是产在广东________________，产在江西________________，产在甘肃________________和产在山西________________。其中以____________和____________最负盛名。

13. 著名年画产地主要有：________________、________________、________________。

14. 蒙古族服饰可分为__________、__________、__________、__________四个组成部分。

15. 中国陶瓷生产历史悠久，早在__________年前的新石器时代，中华民族的祖先就开始烧制各种陶器器皿。

16. 葱烧海参是__________菜，霸王别姬是__________菜，佛跳墙是__________菜。

三、单选题

1. 重阳节有（　　）的习俗。

A. 插柳　　B. 插茱萸　　C. 踩高跷　　D. 荡秋千

2. 下列民族中过火把节的是（　　）。

A. 彝族　　B. 藏族　　C. 蒙古族　　D. 满族

3. 穿戴牛角银衣的是（　　）。

A. 蒙古族　　B. 苗族　　C. 高山族　　D. 回族

4. （　　）主要流行于部分藏族地区。

A. 水葬　　B. 天葬　　C. 火葬　　D. 树葬

四、多选题

1. 以下属于民间工艺品的是（　　　　）。

A. 染织　　B. 刺绣　　C. 漆器　　D. 木版条画

2. 那达慕传统的活动有（　　　　）。

A. 赛马　　B. 摔跤　　C. 射箭　　D. 踩高跷

3. 以下为干栏式建筑的有（　　　　）。

A. 吊脚楼　　B. 蒙古包　　C. 黎族的船形屋　　D. 客家围屋

4. 下列菜品中属江苏风味的有（　　　　）。

A. 三套鸭　　B. 叫化鸡　　C. 葡萄鱼　　D. 鸡仔饼

五、判断题

1. 民俗风情是社会普遍传承的风尚和喜好。（　　）

2. 清明节是为了纪念屈原而设立的。（　　）

3. 上海嘉定、浙江黄岩的玉雕举世闻名。（　　）

4. 傣族妇女的服饰衣料多为蓝、白、黑三色。 （ ）

六、简答题

1. 民俗风情有哪些主要特点？

2. 简述我国七种各具特色的丧葬方式。

七、综合题

图1 图2 图3 图4

上述图片中，图 1 是__________族服饰，图 2 是__________族服饰，图 3 是__________族服饰，图 4 是__________族服饰。

第九章　文学艺术旅游资源

一、填空题

1. 江南三大名楼是指__________、__________、__________。

2. 已故画家陈逸飞的一幅《双桥》，使双桥所在地____________一举成名，成为游人心目中的“江南水乡”。

3. 苏州寒山寺因________朝诗人________的名篇《______________》而举世闻名。

4. 我国现存最古老的碑文是现存于北京国子监的______________。

5. “两京锁钥无双地，万里长城第一关”描述的是素有“天下第一关”之誉的__________________。

6. 范仲淹《岳阳楼记》中的名句“__________________，__________________”已成为激励仁人志士忧国忧民、先国后己的千古座右铭。

7. 清朝孙髯翁所作的昆明滇池____________长联有“海内第一佳长联”之称。

8. “会当凌绝顶，一览众山小”源自诗圣杜甫的《__________》。

9. 四川眉山__________________有对联“一门父子三词客，千古文章四大家”，评述了__________________在我国文学史上的地位及其产生的深远影响。

10. 绍兴__________的鹅池碑一碑二字，风格有别，相传为东晋大书法家王羲之、王献之父子合书所致。

二、综合题

1. 连线题

（1）将下列名人与其所作名篇进行连线。

陶渊明	《前赤壁赋》
苏轼	《桃花源记》
曹雪芹	《红楼梦》
吴承恩	《水浒传》
施耐庵	《西游记》
罗贯中	《醉翁亭记》
欧阳修	《三国演义》
范仲淹	《滕王阁序》
王勃	《岳阳楼记》

（2）将下列名篇与因之成名的名胜进行连线。

《枫桥夜泊》	北京大观园
《黄鹤楼》	苏州寒山寺

《饮湖上初晴后雨》	武汉黄鹤楼
《前赤壁赋》	杭州西湖
《失去的地平线》	黄州赤壁
《水浒传》	云南香格里拉
《西厢记》	山东济宁梁山泊
《西游记》	山西永济普救寺
《兰亭集序》	连云港花果山
《红楼梦》	绍兴兰亭

（3）将下列神话传说与传说发生地进行连线。

“阿诗玛”	石宝寨
“劈山救母”	山海关
“烽火戏诸侯”	杭州西湖
“柳毅传书”	长江三峡
“女娲补天”	路南石林
“孟姜女哭长城”	西岳华山
“白蛇传”	陕西骊山
“巫山神女”	洞庭君山

2. 背诵并默写山水诗及楹联

（1）唐代杜甫的《望岳》：

望　岳

唐·杜甫

____________________。

____________________。

____________________。

____________________。

（2）唐代张继的《枫桥夜泊》：

枫桥夜泊

唐·张继

____________________。

____________________。

____________________。

____________________。

（3）宋代苏轼的《饮湖上初晴后雨》：

饮湖上初晴后雨

宋·苏轼

____________________。

____________________。

________________________________。

________________________________。

（4）山海关孟姜女庙楹联：

上联：海水朝朝朝朝朝朝朝，

下联：______________________。

（5）杭州西湖岳飞墓前楹联：

上联：______________________，

下联：白铁无辜铸佞臣。

全国中等职业技术学校饭店服务专业

饭店管理基础知识（第三版）

菜肴基础知识及营养卫生（第四版）

饭店服务礼仪（第三版）

前厅服务（第三版）

客房服务（第四版）

餐厅服务（第四版）

形体训练（第四版）

中国旅游地理（第四版）

康乐服务（第三版）

饭店服务心理（第四版）

调酒技术（第三版）

饭店管理基础知识习题册

菜肴基础知识及营养卫生习题册

饭店服务礼仪习题册

前厅服务习题册

客房服务习题册

餐厅服务习题册

中国旅游地理习题册

饭店服务心理习题册

责任编辑／曹文轶

责任校对／张　苏

责任设计／崔俊峰

ISBN 978-7-5167-2688-4

定价：5.00元

全国职业技术院校
模具制造/模具设计专业

模具零件制造技术（第二版）习题册

中国劳动社会保障出版社